Merthin Writer

UN INSTANTE DIFERENTE

Diego Asensi

RELATOS Y POESIAS

I PARTE

Un instante diferente por Diego Asensi

I

Noviembre dulce

Este mes tiene algo. Mi Noviembre sobre todo ... es dulce .

Ese sabor capaz de inmortalizar un sentimiento.
Esa lluvia fina que no moja sino acaricia,
ese sol que se niega a desaparecer por detrás de las montañas ...
hasta que no te da un beso en la frente.

Ese frío que penetra en tu piel limpiando las asperezas
que se quedaron tras alguna decepción o algún traspiés.

Al contemplar el Otoño,
al vivirlo de una manera intensa con un corazón abierto ...
te acabas enamorando de este día.

Su luz, sus colores y sus distintas tonalidades.
Todas ellas, desde las más coloridas
hasta esos marrones oscuros y lúgubres tan olvidados
y que nos traen esas hojas caídas que adornan nuestro camino.

Es el tapiz de la vida donde el pintor juega con su alocada imaginación,
al contraste cromático que nace de su inspiración.
Y crece al libre albedrío que le muestra su paleta pintoresca
y ... que descansa sobre su brazo.

Porque es en este tiempo ...
donde el mundo gira más rápido,
donde las cosas pasan y ya no regresan,
donde cerramos los ojos para que llegue mañana y nos olvidamos ...
De que todo pasa en Noviembre...
y de que al menos, a partir de hoy, querido lector,
encuentres o busques esa magia escondida con la que tanto disfruto yo.

La mirada de un niño,
el paseo hacia ningún lugar ,
la sonrisa de ella,
la bufanda que adorna su cuello,
la fragancia de la noche,
su mirada al andar ...

Y la luna que irrumpe ...y al despertar,
el llanto del mar porque tiene sueño ...
tu abrazo cálido y tu dulce beso ...
y me recuerdas que, el sol de la mañana,
no espera en Invierno.

Debo irme a dormir ... si no, mañana no despierto.

Podría escribir tanto de este momento.
¡Tantas locuras y sentimientos!
¡Tantos poetas y poemas por un sólo verso!

 Aquél que describe la belleza y que es perfecto.
¿Lo ves? no tengo palabras para eso.

Diego

II

Noviembre dulce II

(Por un nuevo amanecer)

Perdona si mis palabras no te describen ni te visten …
Ando algo perdido y no he parado a respirarte, ni siquiera a mirarte.
Pero todavía estamos a principios y hoy, he vuelto a recordarte.
Esta noche alguien se rindió … no aguantó más y se despidió.

 - ¡Qué casualidad que fuera yo!

Has entrado fuerte y frío con aires de grandeza.

Aunque manteniendo el cielo despejado.
Pero los que te queremos… te sentimos raro y algo enfadado.
Y aquí te pregunto: ¿por qué no me lo cuentas?

- En vez de suspirar y callar …
 y … ¿lloras esta noche a mi lado?

No te recordaba así… aunque sabes que te quiero más que bastante.
Siempre tuviste ángel y algo de duende si cabe,
pero este año no me saludaste y hasta el mar me arrebataste.

Sentado en aquel banco de preciosas estrofas me hablaste,
pero es tanto lo que te esperaba, que pensaba que podías ayudarme.

Querido Noviembre, te escribo y deseo pensando en el año que viene,
que si no, mares y amores … de ilusiones me llenes, y Diciembre te enamore,
porque feliz y dulce te prefiero antes de que te marches y me abandones.

Esta noche me rindo ,,, y me despido sin respuesta
pero el recuerdo tuyo conmigo se acuesta.

Diego

III

Te lo regalo

Recuerdo aquel momento
como único en mi vida.
Fue la primera vez que se me presentó
declarándose inseparable y amigo de aventura.

Y he de confesar que ...
desde entonces,
no ha parado de doler
... y de sentir.

Son tantas las noches a su lado,
oyéndolo quejarse y reír,
susurrando a la esperanza
y soñando por ser querido
y correspondido.

Latiendo por verla mañana,
eterno fiel a la locura de su sangre,
incansable e indomable,
incapaz de aprender la lección.

Porque no importa el final ...
sino el camino que le hace estallar.

Y cuando ya viejo y cansado
es lo que esperamos de él,
rejuvenece sonriendo de nuevo
haciendo una mueca al destino.

... Pues yo se lo regalo al amor...

Pero no al fingido, ni al esporádico,
ni al flechazo que tantas heridas me causaron,
ni al capricho de los sentidos ,
ni a la suerte que tan bien me trató,
ni al influjo de la luna,
ni a la poesía engañada y menos ...
a la luz cegadora de la pasión ...

¡sino a quien lo quiera de verdad!

Te lo regalo. Es tuyo…

Quiero devolverle
lo que tanto tiempo lleva dándome.
Quiero escucharlo y hacerle protagonista
de esos cuentos que dicen que existen con un final feliz.

Quiero cuidarlo y mimarlo.
Mecerlo en mis manos
y darle el cariño que tanto añora
desde que vive junto a mí.

Cuantas veces lo rompimos sin cura alguna,
sin preguntarle por qué se dividía en mil pedazos,
y por qué lloraba aquella noche estrellada…

Ahora respira .

Te aseguro no volver la mirada atrás,
seguir corriendo y abrirme paso
como los barcos cuando salen a faenar a mar abierto.

No te prometo una calma salada
pero sí una tempestad dulce
que hará de este viaje...
una experiencia inolvidable.

Pues yo te lo entrego, amiga soledad,
que en tantas veces me cuidaste
y tantas veces acabé huyendo.

Que desconfiado por lo que cuentan
no supe cogerte de la mano.

Quizá seas tú la que me lleve de camino a camino...
pero no dudes de que hoy... te lo regalo.

Diego

IV

Un paseo

¿Te vienes a pasear un ratito conmigo?

Es Domingo ... Tarde de verano. Las ardillas se refugian en los pinos que dan cobijo a sus intrépidos mordiscos. El sol invade torpemente el camino estrecho de tierra, coqueteando con las sombras finas que hilan las ramas de los árboles que forman parte de un paisaje silencioso y adormecido del bosque. Una vía del tren anda paralela y conquista el horizonte perdido de la naturaleza. Pero poco a poco el sendero se desvía hacia lugares más silvestres y salvajes del monte. Una ligera brisa juega con el calor sofocante ... y la libertad del lugar nos regala una cálida y suave sonrisa.

- Sentémonos aquí, ¿te parece? Espera un momento y paro el reloj del tiempo.

¿Por qué no hablamos ahora de lo nuestro? ¿Por qué no puedo dejar de mirarte ni siquiera un instante? No creo que darte un beso sin cerrar los ojos sea porque no los siento, sino porque no puedo dejar de verte para creerte. ¿Por qué? ... ¿y si despierto y no era más que un sueño? Sí ... tienes razón , ya me callo y te doy un beso.

Fíjate ... que tantas veces te encontré y no te vi. Tantas veces te amé y no te valoré. Tantas veces te miré y sin saber por qué. Y siempre pasaba de largo sin despedirme o ... hacerte caso. No lloro de pena sino de amor, porque... aunque tarde, conseguí enamorarme. Te eché tanto de menos que tu ausencia se llenó de ti en mi corazón. ¿Y por qué te fuiste cuándo más te quise? Supongo que me enseñaste a querer, a ser dulce... a conocerte, y a hacerme ver lo equivocado que estuve. Ahora ya sin ti intento vivir, me paro a contemplar algunos ratos que contigo viví y los añoro ...
Recuerdo que me cogías de la mano ... que te escondías y tras aquella esquina aparecías ... ¿De dónde sacabas la energía? Con preciosas sonrisas me iluminabas y con alguna lagrimilla me curabas. En realidad yo creo que fuiste un ángel mandado desde arriba.

¡Ya hace rato que no me hablas!
¿Te has dormido?
ya no te siento conmigo.
Supongo que ya te has ido.

¿No te dejaban quedarte más?
Bueno ... gracias por tu visita,
que yo me quedo aquí un ratito
a ver si respiro ...

y de ti, me despido.

Diego

V

El reloj de arena

Unas palabras, una mirada, un gesto... pueden llevar tanto amor y belleza. Sería injusto no pensar en el ayer, pero más no ver el brillo en mis ojos cuando te miro.

No sé si creerás que esto también te puede pasar a ti, si a ti querido lector, que tu vida es un cuento y puede acabar bien, o no tiene por qué acabar nunca. ¿O fue un sueño?

Tengo miles de cosas que hacer antes de morir. Y deseo hacerlas contigo a mi lado, ahí estás... atenta y sonriente, sigilosa y expectante, maravillosa y radiante, alumbrando mi compañía con tus besos y caricias ...

porque es tan perfecta tu presencia que al juntar todas tus cualidades e imperfecciones ... no cambiaría nada.

Si supieras de mis peripecias ... soy un aspirante a funambulista del sentimiento y me deslizo por el cable del amor sin haber conseguido llegar nunca al otro extremo. Al fin y al cabo es un deseo ... pero un deseo sin red. Hoy como ayer, comienzo mi andadura con la misma ilusión y el mismo temor. Pero ya al comenzar, acabo de tropezar.

La arena se deslizó por mi reloj.

... Y vuelvo a caer.

Si parece que fue hace un rato, cuando me dijiste que sí creías en el amor ,pero que nunca te había pasado a ti. ¿Tan diferentes somos?

Esta vez casi ni me ha dolido y no me he hecho apenas daño. Sólo pienso en subir de nuevo las escaleras a mis alturas. Cuánto tiempo pasó? Pero ... qué no aprendes, me dice un pajarito? Tantos consejos, tantos factores ... como el viento y tú. Una gota de lluvia se desliza por mi mejilla y vuelvo a parar. Es extraño, esta vez es diferente. Prefiero ir despacio por prudencia o salir corriendo para llegar cuanto antes. Estoy en el medio del camino que lleva a ti y no sé si volver atrás. Algo sucede. Y esto no tenía techo? Estoy viendo el cielo, y las nubes pasear por encima de mi. Ahora sí que tengo vértigo. No se ve ni el suelo, montañas a mi alrededor, verdes bosques por el costado y algún riachuelo traza el marco del pintor. ¿Soy un ángel? ¡Ya no te veo!

Qué bonitas vistas de aquí ... si estuvieras conmigo. ¿Y por qué me soltaste? ¡Soy transparente!

Sólo quiero ver amanecer una vez más a tu lado. Y pedirte perdón porque no supe demostrarte que el amor sí existe de verdad. No pude enseñártelo. Supongo que seguirás sin creer. Pero por qué no intentas tú cruzar? Es verdad, la caída dolerá.

Pasó el tiempo y no estás conmigo …

¿cuánto hace de lo nuestro? ¿Cuántos finales me he inventado? Ya ni te acordarás de mi . Pasé fugazmente por tu vida.

Para mi sí que significaste algo.... tanto.

Una caída y un aliento. ¿Has conocido el amor?

Lo siento, no era mi intención.

¿Me devuelves el corazón?

Diego

VI

Si esto es amor…

Tengo la parte sutil y la parte vulgar para decirte que mañana no quiero hablar contigo ... tengo la parte melancólica y la parte triste de decirte que qué nos pasó que me duele tanto y sale el llanto de lo más hondo de mi corazón ... tengo la parte del niño que llevo dentro para decirte que hoy mis lágrimas cayeron de nuevo ... tengo esa parte del odio que te diría que hubiera preferido no conocerte y por último tengo la parte en ese trocito de corazón, que me alienta a hablar , verte y besarte de nuevo .... que te recuerda y sueña, que ansía abrazarte y cogerte de la mano ... ese sentido que aparece cuando estás enamorado y esa espina que te hiere cuando abres los ojos y sientes que no existes.

Y qué sentís cuando aceptáis la amargura en vuestra alma? cuando regaláis un palpitar helado y cuando os entregáis sin más a un destino desierto sin aire y sin viento?

Si es cierto, que ahora empiezas a despertar, a sonreír y a soñar. Pero mi época bohemia ya me la bebí y ahora sólo necesito amar de verdad. Cuantas cosas te diría para que corrieras a mi y cuantas para que huyeras. Pero al final, tu sombra del desamor me recuerda que sólo eres y fuiste una gran e ingeniosa invención mía, donde yo como autor y protagonista , fallezco en la búsqueda de conocer el amor verdadero, en la definición de ese sentimiento que con tanta pasión me recorrió aquella vez a tu lado.

Podría sentirme una de vosotras para intentar comprender, podría dar consejos ... y no me queda más que una simple y sencilla opinión al respecto en forma de pregunta. No veis las señales del camino? Sonríe y aparecerán ... vive y se iluminarán ... Observa en silencio a tu alrededor y siente la magia del revolotear de aquellas mariposas que están acariciándote por allá por el estómago. No dudes de que la felicidad no se esconde... ni se aleja de nosotros .... siempre se muestra ,lo que nos ocurre es que no la buscamos detenidamente.

Mira que va a tener razón mi amigo Diego... que en esto de escribir se curan todos los males, que desaparecen todas mis ansiedades y mis tristezas aunque sean momentáneamente ... y que me liberan de esa tristeza por no saber entenderte, por tu forma de actuar y por no querer mirar al amor de frente. Ahora y que ya tan lejos me encuentro de ti ... he olvidado tu olor, tu nombre y tu dolor.

Y qué es eso que resuena tras de mi ? el eco de mis pasos? tu ángel que viene a buscarme para venirte conmigo? o ... yo que me estaré volviendo loco porque cuanto más ando ... más te quiero y recuerdo.

Para todos aquellos que intentan entender lo que nunca supieron aprender

Diego

VII

Canto al amor

Cuando todo es tan sencillo y tan bonito,
Cuando la mirada de un ángel te ilumina.
Cuando una sonrisa amiga te acompaña.
Cuando un toque de luz se refleja en su interior...

... Porque lo que estás viendo tan sólo es amor,
dulzura e inocencia.
...Porque cuando la alegría te envuelve todos los problemas
hasta divertidos de solucionar.

... Y si esperas y no llega ... cuando la ves
aún la abrazas con más fuerza.
Porque ... qué eres sin ella?.

Cuando unas velas nunca amarraron tanto viento
como aquellas que te ensombrecían e iluminaban
tu rostro aquella noche de ensueño ...

Cuando el latido de tu corazón marca el compás
de mis lágrimas cuando antes del amanecer
... te vas.

... Y contemplas como un infinito sus parpadeos
porque tu vida se apaga tras ellos..
...Y un renacer
cuando sus ojitos ves volver ...

...Porque el girar del mundo se vuelve contra ti
y te roba cada segundo ... y no se para
porque se escapan con ella ...

...Porque las despedidas no se acaban nunca
tras ese beso diferente ... se siente eterno
hasta el siguiente ... en nuestro infierno.

Diego

VIII

... Lo que vale un corazón

Hoy me di cuenta ... de que las cosas pasan para acompañar un simple día gris y lluvioso.
Este cielo llora conmigo y confunde estas lágrimas con mis pasos chapoteando charcos.
El guión que el destino nos tiene preparado es innegable e irremediablemente
indestructible.
Por qué intentar cambiar el destino entonces?
Por qué luchar en contra de esa fuerza invisible y caprichosa?
Por qué nos sentimos solos ... si somos tantos?
Por y para qué nos levantamos cada día si no es por la búsqueda de tu ingenio para
engañar a los dioses y sentirte libre por un instante?
Dadme fuerzas... porque al finalizar el día, y exhausto me rindo saltándome la promesa
que vale un alma.

De dónde nace esta esperanza que espera al mañana?
Este juego ... me lastima ...
y me fascina.

Por qué seguir un camino ... que conozco el final?
Dónde está el espíritu que intacto emerge con nosotros al nacer?
Dejadme hacer ... que el tiempo y vosotros ... ya romperéis.

No recuerdo ningún momento mágico ... que no arrastrara un dolor con el tiempo.
Aprendí a vivir y a saborear cada instante de amor como a llevar con humildad y no con
menos pasión mi dolor.
Estaré enloqueciendo al mirar a mi interior?
Qué fue de los mil detalles ... si yo los veo?
Para qué entonces existe la devoción ... y el corazón?

Valió la pena intentarlo.

A mis niños , y a ti ... Neki
(porque sin poder ayudar ... mis humildes palabras ... meto en esta botella que se hunde
en el mar)

Esta noche ... me duermo triste.
Y es este silencio ... el que me permite oír mi latir.
Hoy ... me di cuenta de lo que vale ... un corazón (este corazón)

Diego

IX

Mi vida en un cuartito

Y dijo el poeta:
- mi vida en un cuartito... devolviéronme mi vida en cajas de cartón ... y con cada
cajita, parte de mi corazón.

Pedacitos de momentos de ensueño se van contigo.
Y tú los guardaste y abandonaste en un cuartito oscuro y frío.
Tesoro en ruinas ... rico en sueños incumplidos, envueltos y encajonados,
... sólo para olvidarlos.

Y no sabes ... que al dejarlos atrás, ellos renacerán con más fuerza en algún sueño o en
algún lugar donde tus ojos miren al vacío, horizonte o abismo ...
Y yo me pregunto si el olvido se quema en la hoguera.
Nuestros besos y miradas ... van con uno allá donde vaya,
y hasta en el exilio, perdurarán pidiéndonos auxilio.

Realmente yo era un niño cuando ella me empezó a querer.
Y yo, a mi manera ... la quise también.

Construimos castillos de esperanza e ilusiones. Hicimos muñecos de nieve
indestructibles ... y dibujamos corazones sobre aquella arena que nos vio nacer.
La huella que me dejaste ... jamás la olvidaré.

Hoy recojo mis últimas pertenencias. Los restos del naufragio que nos hizo despertar
aquella noche de tormenta cogiéndonos desprevenidos en medio del océano y en manos
del desamor. Y sólo en aquel instante mi vida y mi corazón tembló
...
y luego se rompió.

Desapareció bajo aquella noche lluviosa, deshaciéndose en mil pedacitos que viajaron
en la misma dirección que aquellas gotas frías y saladas que huían por mi rostro más por
haberte perdido que por mi propia muerte.

Solemne despedida - dijo el lector.

Amanece y apenas duermo. Profanador de mi propia tumba me siento.
Silencio sepulcral de algo que fue mío. Un funeral digno para mi castigo.
Allí , entre cajas amontonadas ... trocitos míos , más de mil ...
- ¿quién lo podrá construir?- se pregunta con hastío.

Mi vida en un cuartito

Apretujada y amontonada.
Ordenada y apilada,
perpleja y abandonada
Devuelta y destrozada.

Mis relojes, mis sentidos
Nuestras fotos , nuestros sueños
Una carta y tu mirada,
mi vida ... tu adiós.

Fue aquí mismo donde ocurrió ... me sumerjo aún incrédulo y sin explicación.
Los restos de mi vida ... el mar se los tragó.
Hoy , soy un ladrón de mis recuerdos, aquel inventor de tus sueños
que ya sólo busca tu absolución para que encuentres a alguien mejor.

Marinero sin rumbo ... perdido en el viento
Vacío y sin peso , apenas sin aliento
me encomiendo a un deseo ... tu recuerdo.

Perdido entre guerras y batallas malditas
Reflejado en charcos de penumbra
Odiado y amado
Y de locura ensimismado
Me pregunto por qué sucedió?

Pasado sin alma y sin corazón ... envuelto y antiguo.
Abandonado y muerto. A dónde te llevo?
Primero a mi ... y ahora a ti
Ya estamos juntos de nuevo y no hacemos uno.
Inventaremos algún lugar donde nos acojan para una nueva lección
Tendrán un nuevo corazón?

Mira !! este reloj parece que va!!

A ti.

X

¿Cuándo muere el amor?

Cuando viniste a verme por fin …
se iluminó la vida.

Desapareció la agónica y controvertida imagen de la soledad y del dolor,
convirtiéndose en un abstracto y extraño sentimiento
que nacía del ardor de cada mirada tuya.

Entre barrotes y obsoleto me gritaba el silencio,
Y con tu llanto, susurras al cielo … te quiero.

Viejo entrañable en este momento me siento.
Y acaricias, con tus palabras. Se llenan en mis entrañas.
La lucidez que reflejas cuando paseas,
algo bello florece con cada paso que aprendes
y algo se estremece cuando olvidas lo que sientes.

… Pero el camino, no vuelve.

Lágrimas brotan en el alma cuando apareces.
Mi vida …
eres el sentido de mi vida.

Hubo amor, poesía y mucha pasión.
Sencilla y cálida razón por la que muero,
Al igual que un beso conquista un corazón.
Suave, tímida, acércate mi niña , no temas.

Que este camino llega y otro aparece.

Y Allí … más allá de las nubes …
Primavera en mi huerto, bajo la higuera,
… te espero y caminaremos de la mano.

Siento vértigo y algo de miedo… confieso.

Y en mi recuerdo imborrable …
como el regalo más grande..

Diego

II PARTE

XI

Te miro y tiemblo

Te miro y tiemblo ... de amor
Qué malo si yo también soy un soñador?
Apenas te veo y me reflejas con el sol.
Un abrazo y en ti me sumerjo
Un beso y tus olas me saben algo amargo
Pero hoy te escribo un último verso
Cómo borrarte de mi recuerdo
si fuiste lo más azul que sueño?
Querido mar ... te miro y tiemblo

Siempre quise recorrer el camino
de aquel viaje sin retorno
que la luna traza en tu rostro.
y mirando desde la orilla tu destino
... cobarde me maldigo
y me siento a escucharte tan sólo
sin tener barco ni a Eolo.
Pues con estas estrofas te escribo
y mirando las gaviotas ... te añoro

Me alzo y te observo con encanto.
Paseo mi mano mojada al viento
y una ligera brisa me otorga un beso.
Por qué miras viejo faro?
si a ti ya te tiene preso.
Ahora ... a oscuras y tiritando ... más te deseo.
Mi cuerpo ya inmerso se está ahogando
quizás ahora a tu lado me sienta más vivo
porque cuando salgo ... sólo respiro.

Querido mar ... te miro y tiemblo.

Diego

XII

Volver a nacer

Y si te digo qué hoy puede ser el primer día de un nuevo sueño … o de un despertar … de una nueva etapa en la vida dónde aquellos valores fijos e inamovibles ya quedaron obsoletos, dónde los ya maltrechos miedos que siempre te acompañaron por fin dejaron de ser tus amigos … y al despertar miras al cielo … descubres que entre tanto gris , hay un hueco azul donde allí , se forjan nuevos aires limpios y es tan claro … que te recorre un escalofrío y un suspiro por todo el cuerpo … donde los únicos sentimientos se convierten en un único, un infinito, una esencia, un ser que se muestra libre y puro sin condiciones e imposiciones , sin límites, sin indiferencias y expuesto al vuelo del Fénix acercándose al astro … dibujándose una esfera en llamas que te ilumina el rostro y no quema, que vuelas y tragas aire de esperanza y que abres los ojos y sientes fuerza … y sólo es entonces, cuando por fin … la vida tiene sentido.

- Pero sin aún soy un niño , por qué me dices eso? No te he entendido. Hablas muy rápido. Si tengo miedo enciendo la luz, o me voy a dormir con los papás. Mira … si por lo único que siento que pueda estar nervioso es por si mañana, ella no va a clase … no lo resistiría. No puedo dejar de mirarla, a veces se gira y nos quedamos como tontos mirándonos con la boca abierta. Es tan guapa! Aunque creo que le gusta otro. Pero bueno, a mi me gusta o creo que estoy enamorado. Si, más bien lo segundo! Me gusta desde el año pasado. Nunca me había fijado en ella pero después de la clase nos fuimos juntos a beber agua al patio y mientras bajábamos las escaleras, sentí un flechazo. Desde entonces … no hay minuto en el día que no la siga con la mirada. Me levanto cada mañana y la busco en la fila. Cuando no está se me hace eterno el día y cuando viene nunca quiero que acabe. Sólo es en el patio cuando me olvido de ella y juego al fútbol. El maestro dice que no podemos subir sudando pero yo no lo puedo evitar. Por eso estoy descansando cinco minutos antes de subir. Ah y qué es el vuelo del Fénix?

En el amor , la inteligencia juega un papel fundamental. La serenidad se convierte en tu mejor aliado y el corazón en la chispa que hará encender la pasión. No te muestres jamás indefenso, respeta y acepta, sueña e ilusiona, hazte amigo de ella … ayúdala y escucha … y olvídala si se aleja. No regales en vano tus palabras, escoge y luego elige. No temas por ellas … estarán bien. Cuántos paseos recuerdo. Cuántas sonrisas le saqué. Siempre que podía le acompañaba hasta la puerta de su casa y jamás la olvidé. Nunca le pude dar un beso y fue tanto lo que la idealicé que se me hizo imposible volverla a ver. Y ya no puedo arrepentirme porque todos los días como tú, la amé.

Yo quiero ser futbolista! Bueno y tener novia ya sabes … no soy buen estudiante o te diré la verdad, soy más bien vago. Pero es tan difícil … tengo miedo de eso. Dame la mano … quédate conmigo. Mírame a los ojos. Todo … todo se arreglará. Y nunca mires atrás porque lo más bonito siempre está por llegar. Disfruta de la vida!

¡Ah por cierto h, se dice hac en Valenciano!!

- Espera! ¿Nos volveremos a ver?

Diego

XIII

Amanece el día

Sea por lo que fuere ... lucharé en la batalla hasta que la suerte me encuentre.

Sea por lo que fuere ... la herida de una espina, más me duele

que la de un sable que me otorga la muerte.

Anduve por un tiempo sin dicha ni desdicha por doquier de esos caminos confusos, vagando y vagabundeando por esas calles desmejoradas que , alumbradas por una mísera farola , reflejaban un futuro y un destino que se perdían con el amanecer de los rayos de sol. Los primeros diarios lucían a los pies del kiosco y por allí, paseaban ya gentes tempraneras amantes del refranero español . Delante de mi , aquellas torres sublimes y emblemáticas con la bandera como guinda, que sólo dieron por aquel entonces, más que un dolor de cabeza para los más trasnochadores , y que más de uno, se encontró cerradas a su paso no quedándole más remedio, que pasarla noche al raso o a la luna de valencia. Más allá ... el puente de los cánticos me conducía al mundo de la realidad, hasta que mi sueño conciliaba ... hasta el despertar.

Perdido en la confusión, En mil batallas ... aposté por el amor.

Huele a sal. Su mar. El faro y la estampa ... al bostezar.

Sus gentes , su familia ... y su mirar. No pude haber encontrado ... un lugar mejor.

Enseguida esquivé a la temida soledad. Sus olores y fragancias me acompañaban por aquellas correrías que me regalaba hacia el atardecer. No había tiempo para el recuerdo ni menos para la melancolía del ayer. Todo se había borrado y una nueva etapa volvía a mi vida en forma de regalo ... el regalo más grande.

¿Cuánto significado tiene un paseo por las nubes? ¿Cuántas gracias se puede dar para devolver tanto especial? No pude más que darme la vuelta e irme sin más. Nunca una despedida se llevó una sonrisa tan satisfecha como el que conquistó aquel lugar, porque algo de mi ,quedará en la arena en forma de huella por mucho que el mar juguetón se empeñe en borrar.

Oh Dioses del destino. San Bartolomé. E incluso a ti , Cristo del Mar

Gracias por invitarme y dejarme vivir ... la historia más envidiable.

Diego

XIV

Lágrimas benditas

Esta mañana desperté con el mono ... síntomas de sudor frío, ansiedad, hasta que el aire falta y cuesta tragar ... porque sientes como si te ahogaras y te quedaras sin respiración debajo del agua ... y no tuvieras fuerzas para nadar.

Entré por mi propio pie y busqué un antídoto para la cura ... pero no había nada en aquel hospital, ni en ninguno que pudiera ayudar a superar ... tal locura. Armarios y vitrinas vacías. No hay enseres para esta necesidad. No queda más remedio que huir y gritar.

Y ¿cómo he llegado hasta aquí? Ya ni lo recuerdo. Sólo cómo empecé un juego en el que nadie podía perder. Que había de malo en esa sonrisa y en esas palabras inocentes que nunca llegué a conocer? Un cuento de hadas me llegó a parecer.

Soy buen amante de mi droga, y no niego mis sentimientos hacia ella ... pero hoy pude hablarle y la pude escuchar. Eres realmente sincera? Oigo su titubear, se me ofrece otra vez más ... insólita para alguien que dice que me quiere de verdad. Enganchado a ti te dejo ir. Bien me conoces y realmente lo débil que puedo llegar a ser ... pero ninguno de los dos vivirá si me vuelvo a meter. Lucho contra tus silencios, contra tu dolor ... Nadie me dijo que iba a ser fácil pero , amo el amor.

Tus designios de grandeza se multiplican en mi interior, ya sólo eres recuerdo, tan vivo ... tan bonito , tan cierto que ya ... hasta me pregunto si serás de verdad o sólo un sueño que me hace suspirar. La realidad se torna fatal, el castigo sin piedad, miles de puntas afiladas me acarician en tu ausencia y eso sí que es real. Y en el fondo ... hasta te sabe mal ... pero tú has nacido para matar.

¿No hay médico en esta sala que me pueda ayudar? El dolor se ha vuelto a incrementar.

El calor es insoportable ... se mezcla con un agudo palpitar , cambios bruscos de estación hasta pasar al frío polar. Sólo tú me puedes ayudar. Y una vez muerto , hasta me atrevo a decir que no se estará tan mal en aquel lugar. Viajo en mi mente y siempre con el mismo final. Tú desapareces y no estás presente. Me embriaga la soledad. Más que me sacio de ti y te busco, cada vez necesito más. Hasta engañar a mi mente he de probar.

Porque ya sólo me queda rezar.

El amor puede ser la droga más fuerte y pura a quien alguien se tiene que enfrentar. La melancolía, los recuerdos, los buenos momentos ... su nombre, sus ojos , su sonrisa ... ya quedaron atrás. Este se convirtió en el ángel caído , en el malo ... del que hay que escapar.

El futuro no te miente. Si es duro no lo niego …
pero hay que hacer frente.

Es sincero no promete …
pero es amigo de la esperanza, de la ilusión ,
del amor del bueno y verdadero … de tu ángel de verdad.

¿Y por qué no sales a buscarlo ya?

Dedícale una sonrisa a la vida y ella te lo agradecerá.

Pd: Ánimo príncipes y princesas que tantos castillos os quedan por conquistar.

 Escrito elaborado desde la colaboración , la intuición y el deseo propio de que a alguien al leerlo … le pueda ayudar.

Diego

XV

Llegó el despertar

Un largo y perecedero sueño
da paso a una brisa fresca y temblorosa
que acaricia los ojos del amante
observando con fervor, la esperada mañana
que hoy ... llegó más tarde.

El olor a azahar aflora mis sentidos,
y tu ausencia se dibuja en el infinito.
El cántico del mar coquetea con el silencio
Augurios de esperanza renuevan el camino
y hoy, aún titubeante te revivo
mi flor comestible ... en el recuerdo.

Salgo al paso de la vida
y le pregunto confuso:
- ¿Cuál será mi destino?

Yo ya fui peregrino,
andante caballero
e hidalgo aventurero,

  - Mi felicidad lloré
y mis penas con disfrutes amé.

Y tras un suspiro ,te susurro al oído:
¡Ay amor! cuida mi huella en tu corazón

Diego

XVI

Ayer soñé ...

Ayer soñé ... que no había muro tras esa puerta, y que unos rayos de sol, se habían tomado la libertad de entrar y asomarse para ver qué tal me encontraba. Con una sonrisa pícara, me reflejaba y se presentaba cálidamente ... como un resplandor en aquella tenebrosa habitación, donde reinaba la humedad y el frío, amiga de la oscuridad fina ... y compañera del maltrecho ruído de aquellas maderas y piedras que me rodeaban ... ya roídas y desgastadas.

Se iluminaba la salida . Una luz cegadora que provenía del cielo invadía parte de aquel lugar , a través de un torpe e inocente camino que nacía del hueco de la puerta. Al contemplarla, la vista y la claridad volvió a mis sentidos y comprendí aquella hermosa y vertical luminiscencia que acariciaba todas mis dudas , preguntas y nuevas ilusiones.

Allí sentado en el suelo, incrédulo ante tal aparición e inspiración, conmovido por el aire fresco y pertrechado por la calidez del alma mía, fuí invitado a salir , quizá por la voz de mi intuición o por el viento que abrió la puerta o ... simplemente porque en aquel sueño , alguien se olvidó de cerrarla. En fin ... salí. Y cómo explicar lo que siente uno cuando vuelve a ver, cuando vuelve a amar de nuevo la vida, o cuando vuelve a ser libre ... Pero por un instante, regresó el frío. Supongo que sería porque me destaparía mientras dormía. Más era tan profunda ya la vivencia, que volví a enlazarla con más fuerza.

Dicen que las personas viajan en el tiempo a través de sus sueños. Reviven y recuperan experiencias para poder cambiarlas, o disfrutarlas al máximo sin el miedo de entonces, quizá por deudas pendientes con su destino o por gastar esos billetes de tren que nunca se usaron. Y si es por liberar algún sentimiento de culpa que allá por el corazón no encajaba y más ... dolía como una espina clavada? ... Sea como fuere, el calor volvió a mi sueño.

Una vez fuera, divisé a unos niños jugando en la playa y concentrados en un trabajo común ... la construcción de un castillo de arena. Al acercarme , vi como el agua jugaba con ellos también. Era una niña más que iba y venía correteando por la orilla del mar. Se acercaba suavemente hasta las paredes amuralladas y pronto escarbó un surco a modo de río que protegía aún más aquella hermosa fortaleza. Me quedé allí parado, hipnotizado , quieto y omnuvilado por lo que allí había escrito ...

- Es para ti ! - gritaron los niños mientras se alejaban corriendo.

Era tan real ... recuerdo hasta aquellos granitos de arena que saltaban , movidos por la brisa que chocaba ante las paredes del castillo. Pero qué ponía ... en aquel corazón dibujado a los pies de la entrada principal? Creo que lo sé.

Te acercaste a mi dibujando el surco de aquellas olas que morían y se dibujaban en la orilla. Sonrisa cómplice y caminar conocido ... el aire peinaba tu pelo que te hacía aún más bella. No recuerdo tu nombre, ni tu cara ... sólo tu porte tras aquel abrazo y el dulzor de tus labios. Te quiero... me susurraste.

Diego

XVII

Por un nuevo amanecer en tus ojos

... Un día todo lo que has construido, lo que amas ... lo que cuidas y adoras ... se derrumba ante ti para desaparecer como un verdadero truco de magia del mismísimo Huddini. Y al respirar ... sientes que algo ha muerto en tu interior. Seguidamente se resquebraja ... se dilata y al final ... se rompe convirtiéndose en miles de pedacitos que vagan sin rumbo dentro del ser casi sin vida.

Ha pasado el tiempo. Y las heridas olvidaron el dolor. El cuerpo y el alma, ya se han hecho compañeros de fuga .Y no tardarán en llevar su plan a cabo. Ya no hay barreras ni cables de alta tensión en la cárcel que rodea tus ilusiones. Todas se van escapando ... Ni la mismísima isla de Alcatraz ... a Clint Eastwood ni a ellas ... puede retenerlas.

Dame tu mano ... Sientes algo? Es mi corazón ... y está roto .

La oscuridad, el terror y el desamparo se apodera de tu cuerpo. La angustia, la ansiedad y el sufrimiento abruma desde tus facciones a la inteligencia. La desilusión construye el mejor camino para perder la fe . Y el héroe se convierte en villano. Estuviste allí arriba en la ola que te deslizaba por la vida y ahora te ahoga. Y a pesar de los pesares ... aún todo te recuerda y emociona.

Con la mirada perdida ... te planteas una nueva vida. Te aferras a ella y piensas : Segundas oportunidades nunca fueron buenas. Y la dejas marchar sin apenas mirar , y agonizas al respirar ... nuevo vientos llegarán mas tormentas te hundirán.

Para que están los amigos?
Crees en los ángeles de la guarda?
Te puedo prestar el mío.

Un corazón portaste una vez contigo.
Y en un pozo cayó ... allá por el destino
¿Quién dice que no nacerá un distinto sino?

No pierdas la esperanza ...
y mira hacia adelante, mi escudero
porque aprendiz de caballero ... ya te ganaste.

Sube al lomo de Marengo ... y vete !
Lucha a muerte contra el gigante
que te arrebató la suerte.
Y si pereces ...
que sea con el brillo en los ojos
por el sueño que tienes en frente.

... por qué crees que Cervantes mató a Don quijote?
  Para darle una vida porque ya no vivía.
  Sus aventuras dejó y hasta cuerdo se quedó
  Por amor sufría día a día
  Y esa espina clavada en su corazón sin sangre le dejó.

  Un nuevo camino ... querido amigo
  se halla aquí a nuestros pies.
  Te vienes conmigo?
    ... o te quedas a la sombra de este olivo?
  No te prometo ínsulas ni riqueza
  sino todo lo contrario ...
                    hambre y pobreza.

  Pero eso sí ...
  Nos sentiremos vivos .

                              Diego

  Dedicado a mi querido amigo …

XVIII

A mi querida estrella

Al anochecer ... con el mar de canción y allá en la orilla ,
una sombra llora y susurra al cielo
por la pérdida de su alma al viento.

Cierro los ojos y allí tumbado
puedo sentir como la brisa me invade y acaricia mi cuerpo ...
La música entona un canto que enmudece a las sirenas ...
Solemne partitura para tal magia ... para el oído ... para la vida .
Mozart y Beethoven ... dirigen el vals de los ángeles
y poco a poco ... el sol renace de su muerte,

Es totalmente embriagador ... el tono sube delicadamente
y es su intensidad la que conmueve a mi Dios.
Se suman las trompas, los flautines ...
aparecen los violines .... ensordecedor ! milagroso !

... Al instante , apareces tú ... toda de blanco ...
con un ramillete de margaritas en la mano
y una flor, adorna tu pelo enmarañado.

Me ofreces tu mano y me secas la lágrima que he derramado
Oh mi señora! no hace mucho ,acabé mi llanto
postrado en aquella cama con mi Sancho arrodillado
y aquí me esperabas , en este cielo aún estrellado.

Tanto pesar y tanto sufrir ! Qué más da si ahora estoy a tu lado!
No me dejes nunca ... mas ni te separes de mi !
¡Eres tan dulce ... tan bella !

¿Y por qué la música ha cesado?
Pero aún te veo ... qué guapa eres!
¿Qué estás viendo cuando me miras así ?
¡No dejes nunca de mirarme!
¡Qué sonrisa !
Me encanta tus caricias .

¡Te quiero!
- Repítemelo ... por qué tan bajito?
¿Estás ahí? dímelo otra vez ...

¿Por qué me ciega este sol? ...
Yo quiero ir contigo .
Empiezo a tener frío ...
será ... que vuelvo a estar vivo

Gracias   ... príncipe de los ingenios . Porque a la vida me has llevado y ahora sé ... que un sueño ha comenzado. Un servidor a los pies de la poesía y de las maravillosas palabras que pueden salir de un corazón.

Diego

III PARTE

XIX

Las cenizas del alma

Nunca pretendí brillar más que tú ... ni siquiera dejarme ver de forma voluntaria ... sólo era un niño sin más, que disfrutaba de esos momentos de libertad codiciados por grandes reyes y conquistadores que nunca los pudieron saborear. El mejor de todos fue cuando sentí tu calor sobre mi rostro y me acunaste para darme algo que ningún ser humano podía soportar. Yo sonreí ... y me fui sin más.

Caballero me convertí y lideré grandes ejércitos que grandes alegrías y satisfacciones me concedieron. Pero que fue lo que ocurrió? En qué momento dejé de entusiasmarte? Tu desilusión fue mi mayor derrota ... tu llanto mi peor error. El ego desafió a mi propio destino y caminos adversos recorrí para obtener lo que perdí. Visité al mismísimo infierno donde no sé si he logrado salir. Cada día más viejo y ya sin bandera y con las cenizas de mi alma me enfrento a enemigos que antes jamás ni atendí ... ni advertí. Hoy soy vencido por algunos de ellos que ni me reconocen ni me miran al verme allí en el suelo. Hoy me olvidé de quién fui y te olvidaste de mi.

Emprendo un camino de regreso, castigado y herido, con el corazón hecho trizas por algún arquero que acertó de pleno. Al pie de la sombra de un nogal, las golondrinas observan como se astilla la flecha al sacarla lentamente ... dejarla ahí ! pero no conviene ...

Recuerdos me vienen a la mente en mi regreso , incluso hasta me ha parecido ver al primer ángel que visitó mi lumbre , acunando a su retoño bebé ... ya es tarde para deshacer tantos entuertos del pasado ... sólo si las heridas tienen cura ,dispondré de algún rato a tu vera, para intentar entender lo que no supe aprender .

El Sol amanece dando la espalda a continuas tormentas que nos acompañaron en la batalla ... todo ha acabado y él, se bebe la sangre que nos falta. El vaivén del corcel, el dolor de perder ... y el camino por recorrer. Curioso destino para aquél que dejó de creer.

Me han hablado de un viejo monasterio a las faldas de la montaña de San Bartolomé ... hacia allí me dirijo con pobreza y hastío porque al fin comprendo, por mucho que haya soñado, que al príncipe lo coronaron no por sus victorias sino por su linaje bien heredado. Y al que talento otorgaron, ´tan sólo fue para desquiciarlo y ahogarlo en un mísero charco. Y si tú lo sabias, ¿por qué cobarde no me hiciste?

Tu silencio me retuerce ... pero el día escrito en tu memoria, al verte ... mis ojos ya no sufrirán el temor de vencerte. Tan sólo quiero paz y lo único que te pido ... es recuperar mi libertad.

Diego

XX

Destino ... cruel o amañado

-¡No fue lo que soñábamos!, ¡no fue lo que creíamos que sería tan fácil conseguir!

-Todo salió diferente, hasta nuestras miradas cambiaron ...

- acabó diciendo en el estrado.

Salió de la sala sin mirar atrás y se perdió para siempre. Aquel juicio no duró mucho. Tres frases célebres y una improvisada. Se perdió entre la multitud, dejó de existir en nuestras vidas y se marchó para siempre.

Me llamo Merthin Writer y un día conocí a alguien que quiso contarme su historia. No se lo puse nada fácil. Mi tiempo era limitado. Él, iba y venía apareciendo esporádicamente en mi vida. Al principio, no logré ver nada a través de sus ojos, ni siquiera me fijé en su aspecto. Pero fue el primer día que no apareció ante mi, cuando empecé a echarle de menos. Me había acostumbrado a sus charlas, a sus sonrisas, a sus silencios ... a sus relatos, e incluso a sus cambios de humor.

Al principio pensaba que era un vagabundo, andaba cojeando y medio encorvado. Barba y pelo largo. Algo rizado pero sin ninguna cana. Estaba pasando un mal momento, un instante diferente en su vida ... porque simplemente nada había salido como había planeado. Luego supe que aquel día tenía una costilla medio rota en un percance deportivo y que lo de su cojera fue ... ni me acuerdo.

¿Y por qué a mi? No tengo nada que ofrecerte salvo algún consejo trivial o popular ya utilizado, viejo e insensible. Cuando acabemos el almuerzo, me iré así que dejemos de lamentarnos y empieza por el principio.

...

Todo eso ... ¿te lo has inventado? ¿Es verdad que conociste a todas esas personas? Nunca podría soportar que me mintieras, que utilizaras mi tiempo para desahogarte o para hacerte un amigo. Es verdad que las historias más increíbles son las más ciertas, pero, ¿que conociste a Don Quijote, a la mismísima Dulcinea del Toboso, A Felipe IV, cruzaste Hades , en mil batallas te enfrascaste ... y hasta Estados Unidos conquistaste ... ? La verdad ,es que un poco insólita y diferente ... sí que es pero ... si vuelves mañana , ¿seguiremos hablando?. Siento que tú y yo hemos nacido para conocernos. ¿Qué tal si escribo tu historia?

Mil detalles, mil cuentos y batallas , mañanas enteras con sus discursos, con su pesimismo hipnotizado, pero con la pasión de un niño que cuenta sus heroicidades, sus verdades ... y sus maldades. Para entenderle, tuve que conocer su juventud, su niñez ... sus sufrimientos. Fue un niño sin más ... con varias virtudes que saltaban a la vista pero con una agonía contrastada al percibir ciertos aires confusos en su vida. Mil noches lloraba por amor, o por querer hacerse mayor, y con gran carácter protector, odiaba todas las injusticias de su alrededor.

Soñador ... ilusionista, emprendedor de acciones pintorescas, amante de la picaresca, socio accionista mayoritario de la sin razón. Y golpeado cientos de veces por el odio, la mentira y la bendición del mejor postor. Perdido y sólo en los caminos de la ambición. Y siempre, eso sí ... su suerte y su estrella como anfitrión.

Eran pequeños ciclos , o pequeñas guerras donde a pesar de lo sufrido y de las caídas, siempre finalizaban como vencedor. Rápidamente surgían otras nuevas y quién iba a pensar ... que algún día , podría ser vencido. Las derrotas llegarían ... unas tras otras , alguna genialidad le salvaban a última hora pero la realidad caía sobre él como una losa y lo aplastaba hasta dejarse matar.

Y allí arriba se reunió conmigo. Tuvo un juicio justo. Expuso sus quejas y ante la atenta mirada del juez se marchó sin querer saber cuál fue su veredicto. Tal vez ya lo supiera de antemano. La vida le había enseñado lo suficiente como para intuirla. Y sabéis qué es lo que me susurró? Que el orden de los factores del destino, no alteran la realidad, y que lo único que la altera, son las personas. Las cuáles cambian el rumbo natural de las cosas y son las que maltratan las ilusiones satisfechos por el poder, la fama ... y para los paganos ,el sálvese quien pueda.

Diego

XXI

Un último segundo

Me habían hablado de ti ... pero jamás te había visto tan de cerca.
No me das miedo ni me pareces tan vieja ...
Si quieres hablamos y te lo piensas ...

¿Y me preguntas cómo soy?
- Yo creo que ... ¡ni yo mismo lo sé!
O igual si , y no me he parado a pensar.
Quizá lo medite ...

Soy un poco de todo ...
toco la mayoría de aspectos irracionales que una persona pueda ofrecer a la vida ...
Y, me siento como un árbol con muchas ramas que difieren unas de otras ...
 con múltiples hojas que en Otoño se caen
                    y en primavera florecen ...
                            y que me protegen ante el frío
                                y me enloquecen de color ante el amor,
            sintiendo dentro de su corteza el hormigueo de un batallón
                                y el calor de un lobezno,
            que se refugia en el interior de un tronco
                                        ya amedrentado de pasión.

 Soy un poco de todo ... con virtudes especiales
                    y otras nefastas y demenciales.

Con una luz diferente al resto de los mortales.

    Ayer te vi ...
                te miré a los ojos y me escapé o me salvaste,
                    una de dos.
                        Paré y en ese instante ... suspiraste
                                Ese no era mi final ... pensaste.
Burdo y cruel destino para tal ... noche sin sentido,

    Trágico y aparatoso final para un ser con sino.

Querida doncella que rima con suerte,
            venga usted con dulzura y con calma a mi vera
cuando usted quiera y proceda,
pero si le imploro me conceda
            una digna y más bella
pues grandes sueños persigo y morirme no quisiera.

    de paso ... saludos al de allí.

Diego

XXII

Despedida al andar

Tras frases milagrosas, poesías y prosas, ya de nada me arrepiento. En el silencio absoluto de la noche, acompañado de esa luna vigilante, iluminada y llena, resuelvo mis condenas para nacer definitivamente. Larga espera tras ese corredor de la muerte y por fin una nueva. Esta vez quedo libre para siempre por el poder que le ha concedido al presente.

De mil formas escapé, y otras tantas inventé pero ninguna me sacó del ayer. Por la mañana cruzo esa puerta, acompañado de dos guardas que hasta a mi me abrazan y un camino recto que cruza la alambrada. Cuantas noches soñé con esto ... con ser libre y sin fianza. Decenas de ave María, meditaciones sin rumbo en mis momentos de hastío ... y húmedo y frío aislamiento de castigo por la suerte del vencido. Miles de penas lloré y cada lágrima pagué allí dentro. Ahora ... empiezo de nuevo.

Revivo los buenos recuerdos , los guardo sinceros y con mimo ... pero aún no. No es el momento para recordar sino tras la puerta al andar. Como un niño respiro, y miro a mi alrededor ... y vivo.

Ya suenan los primeros rayos de sol , o son los gallos?. El   reloj del campanario fue mi acompañante, hora tras hora sin olvidarme. Hasta hablarme a veces y susurrarme que no me rinda pues llegará ese día. Ojos delirantes, corazón prohibido, sin mente y sin rumbo , lleno de odio y temor ... y perdido. Cómo era aquel infante, que entró casi un lustro ya hace. Tantas noche soñé ... y con todo el mundo hablé, y con qué me quedo ? con cada una de las veladas que al cerrar los ojos tan sólo ... descansé.

¿A qué sabrá un beso? ¿a qué olerá la mujer infinita que duerma a mi lado? - Pues sólo al cruzarme con ella, todo será sensato. Sencillo y plácido. Dulce como la miel . Radiante como sus despertares y salada como sus mares. Y me dirá ... ¿dónde estabas?

- Yo ... encerrado ¿y tú?
- ... Esperando.

Y con sólo mirarnos no habrá poesía, que diga nada más cierto ni más sincero. Nada más sutil ni nada más bello. Sólo ella para dar sentido a mi pena de estos años.

Ya vienen los guardas ... por el pasillo caminan y sus pasos cada vez más cerca.
- Pero ... ¿por qué me atáis? ¡si libre ya soy!

- No te preocupes, pronto habrá terminado.
- Y me decís que son dos ángeles los que me recibirán ? ... y que esto ¿no me dolerá? Tengo miedo a la oscuridad. Te encomiendo mi alma y lo siento ...

- pero de nada me arrepiento.

Diego

XXIII

Un ángel pasó

¡Qué desdicha se sufre ante el locuaz y amargo desdén de tan intenso dolor!

Su imagen al verla ... es de un ángel que pasó de largo sin el vaivén del pasado y sin la pausa del futuro inmediato. Casi hipnotizado ... muero por tal verso que sin rima me ha cautivado. Sólo ella vestida de blanco. Y su mirada sonriente, con el sol de su lado ... y la brisa inocente que la embellece y la peina de una forma diferente. Tras ella se une la pasión de un sin fin de ilusiones y con ella, un confín de pasiones que nacen de un pequeño latir y viven con la esperanza de ti ...

Con rastrojos y males en penuria se sacia la virtud de envejecer por aquella mujer , y en hábitos perpetuos , recuerdos del ayer, cuan deseos de volverla a ver ... imágenes se tornan de una riqueza y un tesoro sin resolver, pues si no... que don disteis a tan distinguida merced ! Ningún otro que no fuera volverme a enloquecer ... de amor, ternura, sed ... de ira, pasión y placer ... y de imaginarte a mi vera cualquier amanecer.

Y busco tan refinadas y esmeradas palabras, que me cruzo con tantas ... que no doy con ninguna que pueda nombrarla ... y cierto es que si no invento algún argumento y le dedico prosas y poesías ... qué será del cuento? mi alma y yo nos perdemos al tiempo que ella , mi amor verdadero, desaparece en el sueño.

Dulce melodía resuena en tu playa, gaviotas llenas de pureza revolotean al viento ... y mi niña tan bella pasea, respirando deseo y llorando a su miedo. Qué tal princesa el despertar? sin ti nada es igual. Hoy , me duermo sin tu olor, tu voz ... y tu calor.

Diego

XXIV

Una sonrisa ... un instante

... Cuéntame Diego : Qué es para ti la felicidad?

Mañana te lo cuento .... tengo un par de frases que en su contexto, me ayudarán un poquito a acercarme a la idea que nace en mi cabeza y a la sensación que se posa en mi corazón. Esta noche disfrutemos de la compañía y ... del buen vino .

En tierra de pescadores ... una barquita se adentra y se pierde en este mar azul que tiene por horizonte el infinito, y por rumbo ... el viento hacia donde nace el sol y se instala la calma. Ahogado de sueños y de ambiciones, su rostro refleja en el chispeante oleaje, un mar de dudas ...

Un rinconcito de esperanza en forma de pez, observa difuminado a través del agua ... la facilidad con la que consigue zafarse y escurrirse de esas débiles manos que ese pescador abre con calurosa insistencia y con inocente torpeza. El pez se ríe ... y sonríe. No me cogerás !! Hasta que un golpe de suerte ... o una ola aliada amiga de nuestro marinero ... impulsa al pececito ,dentro de su aventurado cascote. En medio de la nada y de todo ... ha vuelto a suceder ... la felicidad , te ha vuelto a encontrar.

Al final de cada camino ...
nace otro.
No importa los caminos recorridos
ni los senderos andados,
sino las personas
que lo recorren a tu lado.

Diego

IV PARTE

XXV

Camino de Castilla

**Camino hacia Castilla. Y en una piedra del camino me siento a escribir este pergamino.
Recuerdos de aquella postal que mis amigos ofrecían a mi humilde mirar.**

… Y mientras … nuestros entrañables nuevos amigos del camino, se perdían en halagos y
alabanzas

… Don Quijote recitaba
tras las sombra de su lanza.
Sancho, mantenía los ojos bien abiertos
ante la saca que no la buchaca
de su nuevo amigo el banquero,
y a la par … poeta con esmero.

Boquiabierto y hambriento …
salivaba con disimulo.
Y de no ser ,
porque ya es un nuevo caballero,
bien le había arrancado el pescuezo …
ante aquel manjar tan suculento.

Era entonces por esos momentos
cuando echaba más de menos,
aquellos estofados y guisados
que su señora le cocinaba
 en su pasado

Sus interminables siestas …
sus paseos con Marengo, su caballo.
Su vida sencilla … al lado de ella.

Todo era perfecto si no hubiera sido …
por los caprichos del destino …

O … de los Dioses

O … del buen vino.

Aún … a veces, Taciturno y pensativo
Oye voces,
 ve sombras que le persiguen,
Y según su señor y amigos …
 son miedos

Pero tan sólo son versos que se reproducen
y a su locura … conducen.
Cantados igual por ella …
o quizás , por nuestra camarera.

Sancho,
esboza una resignada sonrisa al contemplar
con el rabillo de su mirar,
la creciente locura y a la par …
la felicidad de su impar,
su amigo … su compañero de atar.

Viéndolo y oyendo … su recitar.
Se cuestiona y más preguntas …
- estaremos tan locos ?
para que no podamos volver atrás …
para no … regresar.

Pero ahora es …
cuando Sancho mira hacia el cielo
y le pide, a su pesar … y con sufrimiento
a su creador más cierto:

- que ahora no me mates
mi querido Cervantes.
- y mantenednos con vida
porque para otra aventura …
Sedienta está mi locura.

Diego

XXVI

Susurros en la noche I

Mi señor !!
Deje la lanza en el suelo
las heridas son grandes
y más aún el desvelo ...

¿ no merece algo más
que luchar ante molinos de viento?

No se me rinda ante el destino
q pronto vera desaparecer
esas nubes del cielo...

y se nos presentaran grandes batallas
y alzara su espada al viento ....

Sancho

Susurros en la noche II

La respuesta inmediata de Don Quijote ante tal pensamiento derrotista de su querido amigo al pie del camino.

... Es sabio tu consejo.
Quizá no sólo deposite mi lanza al suelo,
Sino que aprovecharé a yacer junto a ella
... tan sólo un momento.
Será un instante de silencio.
Un dulce sueño sobre la cálida tierra del camino.
Pero antes, amigo :
- Crees que seremos recordados?
- Te duele tanto como a mi , las heridas del costado?
No procures levantarme hasta pasado un buen rato ...
Pues los dos nos merecimos este descanso.
Y si, por una de aquellas aparece mi Dulcinea ,
Deja que sea ella quien me despierte con su canto.
Así su voz y sus labios, apagarán mi llanto.
Oye Sancho ... Ya amanece o es que está anocheciendo?
Mi cabeza está nublada como este cielo ...
Gira y gira, y todo da vueltas .
- Será por nuestro hechizo?
- O por aquella batalla contra los gigantes de nuestro destino?
Ah! Mi querido amigo, compañero de batallas y de camino.
Mi noble galán trasnochado y con cierto aire de inspirado ...
Siento ...
Por todas aquellas veces que se nos hayan reído
Por haberte metido en este mundo tan oscuro,
Y por haber hecho de ti , ese caballero aventurero.
Más siento aún muy dentro, tu latido junto al mío.
Pero , dime ahora , querido escudero:
- Dónde están los dichosos molinos de viento?
Descansa, que mañana regresamos a casa
- Tú sabes dónde estamos? Por dónde se va?- Tienes casa? ... Y yo?
Ayyyy ... no me puedo ni mover.
Buenas noches

Don Quijote

XXVIII

Susurros en la noche III

En el silencio de la noche ,Sancho sollozaba
y entre susurros pensaba …

Oh mi señor !! que dios le oiga
y la serenidad de la noche
apacigüe su alma, descanse su mente
y cure sus yagas …

Que sus sueños sean dulces y tiernos
como su esperada dama
y llenen de fuerza su escudo
y su lanza….

¡¡Temblar molinos que mi señor descansa¡¡;
y se alzará victorioso por los caminos al alba….
Como quisiera que pudieran ver
lo que siente esas miradas frías
que por las noches desafiaban …
Lo que daría por que vieran su corazón
A través de esas ventanas azuladas,
desde las que ve gigantes
en los molinos que giraban….

¿Quien sabe si es producto de los brebajes que le preparaban,
o mas bien de una alma de caballero realmente encerrada?
- se preguntaba Sancho con la cabeza cada vez mas turbada…

- ¿Qué susurras Sancho ? ….
¿Que te duele que no paras? …
como se nota que desconoces
los azotes de las grandes batallas,
de lo contrario aprenderías

que no es de ser buen caballero
el quejarse por nada …..
anda mi fiel escudero calla y descansa ….

Sancho

XXIX

... Y al final

En la oscuridad de la noche
taciturno y desvalido ...
y envenenado hasta los huesos
camino torpe hacia un momento
en el que se abren las puertas del infierno ,
donde mis ideas son mi tormento
y desfallezco tras cada lágrima
de agotamiento.
Golpeado por los fantasmas
convierten sus susurros
en sonidos martilleantes
que despedazan mi cabeza
produciendo una sublime ceguera

Por Dios Sancho llévame ante ella!!
Sácale una sonrisa aunque fuera
más no creo que se alegre de verme
por mi estado casi ya inerte
pero con su sola presencia
puede que me cure de esta locura
que no desfallece
A su lado quiero estar y dormir
para que mis sueños
sepan al azahar de su suspirar
y no pretendas despertarme
si al abrir los ojos
no la siento abrazándome
porque esta noche ya me bebí el alma ...
Nos vemos al alba.

XXX

Don Quijote vuelve a casa

He prolongado mi viaje durante muchos años por estos campos ... por estos mundos de Dios.
Conocido multitud de personas y otras gentes.   Caballeros y rufianes. Reyes y reinas ... y
otras que jugaban a ser princesas. Amantes doncellas y algunas muy bellas me dieron puñaladas
traperas. Hasta que un escudero se perpetró en mi alma ... y me enseño que una amistad puede
existir de verdad y durar una eternidad.

Me acuerdo de todas ellas.
  Las que me hicieron bien,
                          ... y las que no lo hicieron tan bien.

  Cada batalla ... cada guerra,
cada instante que sonreí y que lloré
por alguna causa inventada en mi mente ,
pero que yo creí verla viva y feliz ...
maravillándose delante de mi
y muriéndose más tarde ,
como siempre ...

Y el camino seguí
               intuido por el latir
de este mi corazón ...
loco y a veces travieso corazón ..
. ingenuo e ingenioso,
valiente y cobarde ,
 romántico, sabiondo y desvergonzado,
incapaz de arreglarse y de romperse del todo,
frío , templado y caliente.
He dicho transparente... ?
 Agotado, muerto y resucitado
 ... preparado para vivir nuevas aventuras
jamás conocidas por mi ...
o al menos muy lejanas sucedidas antes de partir.

 Es hora de volver querido escudero,
cógeme y apriétame fuerte de la mano
y despídete de nuestras huellas que aquí dejamos ...
y por mí, de todos los amigos que encontramos.

Porque ahora empiezo a amar a mis enemigos
y comienzo a ver y contemplar,
todas aquellas alegrías y tristezas
que me pudieran dar.
Algunas pintadas y otras escritas
en aquel velo transparente sin fin,
que tanto dolor y felicidad
me ha dado al fin .
   En fin ,
     ¿podéis ver el cuadro? ...

sí ! es mi vida !
Qué os parece?
En blanco y negro aparece.
Volvamos Sancho que ya oscurece.
Es por allá o por allí?
Sigamos hacia el horizonte ...
hacia la luz del sol que se esconde
... tras aquel monte,
porque quizá allá encontremos ...
lo que creo,
    ... nos merecemos.

No fue el cansancio de nuestro caballero quien le dio la frescura para contemplar tal cuadro . Sino la esperanza de conseguir una vida al fin. Lleno de energía marchó, y se condecoró lleno de virtudes y otras imperfecciones que jamás admitió. Girose ante sí ... para no volver a hacerlo nunca más. Largo camino de regreso   asintió.   Pero esta vez y sólo por esta vez cayó en el silencio.

Al amanecer volvió a emprender
y dijo:
- Hay tanto por hacer !
Un nuevo velo habrá que tejer,
y de colores esta vez ...
que vida hay ... y nos queda por delante
porque hoy ...
    volví a nacer.

A mi querido Sancho.

XXXI

Aquí yace nuestro honorable Alonso Quijano

Os he mandado llamar porque de esta no salgo.
Aquí yace mi cuerpo ... ya derrumbado.
Ahhh ... Mis amigos !!... os concedo este título
porque vosotros, os lo habéis ganado.

Muero
En paz , cuerdo y desbaratado.

No llores querido Sancho ... !! porque al fin estás curado.
Ya no te duelen como a mí las heridas del costado.
Un viaje emprendo ... y sólo ... esta vez .
Pero siempre te llevaré a mi lado.

Don Sancho ...
no me mire como si nunca hubiese roto un plato.
Que bien pillines fuímos y algo alocados.
Y ahora , la muerte ... me ha encontrado.

- Sancho:
No se muera mi señor !!
Que aquí de rodillas sigo rezando.
Salgamos e inventemos nuevas aventuras
que ya de sabio de palacio
buscarán a algún otro pirado refinado.
He sido tan feliz a su lado.!!

- Alonso Quijano:
Búscame allá en el otro lado,
pues te estaré esperando.
Pero dime ahora susurrando :
Verdad vio molinos?
Ajústese las gafas por si acaso.
Pero no lo tengas en cuenta querido Sancho ...
que un error lo comete hasta el más sensato ...
y un molino , con un gigante ...
hasta pueden parecer mellizos,
o quizás hermanos.

- Sancho :

No se mofe vuestra merced !
Que ya empiezo a creer ,
que de algún brebaje cocinado
estuve ahogado ,
o de alguna copa de más
la camarera me estuvo alimentando.
Oh sí! Ya me acuerdo!
Preciosos gigantes teníamos delante !
Y vuestra merced a su encuentro
volverá a emprenderlos !

- Alonso Quijano:

Ay Sancho!
Ya están aquí ...
ya puedo verlos!
Dame la mano que tengo miedo !
Ángeles blancos
se me llevan hacia nuestro cielo
ya despejado!

Y así cerró los ojos
nuestro querido y amado caballero.
A los pies de su cama postrado
dejó a su anchito escudero.
Y en la habitación , al fondo ...
se encontraban la doncella de Vallhermoso
y su rey , Felipe IV que consolaban
al pobre Sancho.

Y aquí yace nuestro honorable Alonso Quijano.

- Oye Sancho : ¿Crees que seremos recordados ?

XXXII

El canto de Sancho

Oh gran quijote ...

Cómo envidio su locura ...
su amor desmedido,
el delirio por un beso,
el creerse incomprendido.

El ansia ante la lucha,
el considerarse victorioso siendo vencido,
el buscar la gloria y el honor,
en este mundo sin sentido ...

No sé si encontrará los senderos de plata
que le portaran a su ansiado destino.
Pero hoy más que nunca estoy convencido...
que si existen esos senderos,
nadie mas que vuestra merced,
los tiene merecidos ...

Por su incansable lucha ante el destino,
por saber mantenerse firme con el acero caído,
por no bajar su ego ante los victoriosos molinos,
y por todas esas yagas del costado que ambos recibimos.

Por todos esos golpes en el alma siempre olvidados,
por esa entrega insultante a sus llamadas dulcineas del camino ...
por enseñarnos a caminar sin miedos,
para disfrutar plenamente de lo vivido ...
Por eso mi mas humilde reverencia
ante el loco mas cuerdo ...
jamás conocido .

Sancho

XXXIII

Por quién doblan las campanas?

… y en la iglesia ya doblan las campanas..
…olor a incienso y humedad, el tibio calor de la gente al respirar;
cantos vacíos en los que llorar y una ausencia eterna por olvidar;

y ahora de nuevo vuelve a remontar mientras aquí nada parece cambiar.
esencia de aromas mezclados y momentos vividos que quedan en el pasado;
pronta insistencia de desamparados ¡ay que triste el reloj se ha quedado!

No disimules, bien aventurado, pues aquí en esta iglesia nuestro amor se ha quedado.
Fuertes tempestades vienen acechando y
aún así mi lagrima las sigue ahuyentando,
gritos de dolor y esperanza anhelando;

gracias por un suspiro, carcajada y un terminado.
Adiós perdido corazón en esta cruz de eras…
A ti dedico estas míseras letras
que más que una rastra de horas deshechas
aprendidas se quedan las acciones derechas.

Mi alma vendo a buen postor de rojo y bastón…
Un adiós se quedaría en el cajón,
Pero un "hola" es ese próximo empujón…

Termina la misa y el cementerio se prepara,
 para acoger a un cuerpo que no a su alma,
corre, corre y anda que en poco nada nos separa.

Catalina de Vallhermoso

XXXIV

El príncipe de los ingenios

Y no penséis que Cervantes " El príncipe de los Ingenios" iba a permitir que la muerte de
nuestro hidalgo caballero iba a separarlo de su fiel y buen escudero. Lo mató en el papel, en
la última página de su novela, justo antes de que se le acabara la tinta de su pluma ... pero
nada más soplar la llama de su vela , que le acompañaba y alumbraba en sus escritos ... los
hizo llamar de nuevo para darles las gracias por su encanto y valentía, prometiéndoles
eternidad y un camino mejor, lleno de alegrías y paz ... para que por fin ... pudieran
descansar.
 Pero por siempre juntos en sus nuevas hazañas que no fueron escritas por nadie, y que hasta
el mismísimo creador desconoce ... convirtiéndose en relatos de abuelos para nietos ....
sentados a sus pies y con cara de admiración ,al escuchar estas historias de amor y pasión
que algún día y en otros tiempos ... ocurrió.

Nos vemos pronto querido Sancho.

V PARTE

...Y ÚLTIMA

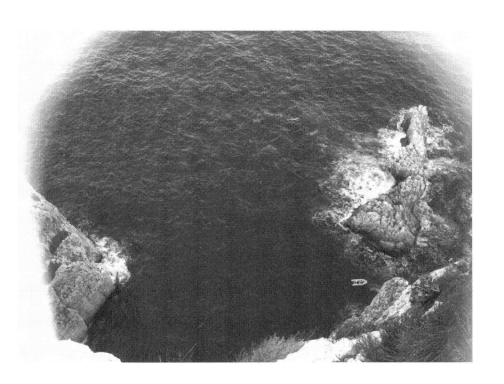

A mi hermana ... que con tanta pasión escribe poniendo toda su alma y corazón . Nunca fuiste doncella para nosotros ... ¡Eres una princesa !

A estos amigos de la infancia , que la vida nos dio una gran segunda oportunidad. Ya lo creo, que si la aprovechamos. Espero que ya nunca haya distancia entre nosotros y nunca nos separemos más.

A todas las personas que por distintas causas ya se fueron. Unas más lejos que otras. Pero es tan grande este mundo y tan poco el tiempo en él !! Algún día volveremos a vernos. Seguro.

A mi caballero noble Sancho ... a veces taciturno y pensativo, otras inspirado y pirado ... cuántas veces vagabundo y otras rey de tu mundo. Tronquito , poeta ... un niño , a pesar de tus treinta cumplidos. Nos hacemos grandes? no ... aún no je je.

A la gente nueva que me rodea en estos nuevos caminos y te abraza con su mirar ...
A mi compañera de la habitación de al lado ... o de la clase,

A ti por darme lo que nunca podré olvidarme

... Al fin y al cabo, cada persona guarda dentro de sí como un gran secreto quién es de verdad. A veces tan dentro que hasta podemos olvidarlo - Merthin Diego.-